QU revolutioniert das Geschäft

Von herkömmlichen Unternehmen zu intelligenten Unternehmen

KATIA DORIA DA FONSECA DOS SANTOS
31/1/2023

Widmung:

Meinen geliebten Kindern Mario (Teik), Bruna, Victor und Bárbara, die mich inspirieren und der Grund für meine unermüdliche Suche nach Wissen sind. Ihr seid meine Kraft und Motivation, um meine Ideen und Erfahrungen zu teilen.

Meinem Ehemann José de Vasconcelos Filho, dessen Zusammenarbeit und Unterstützung von grundlegender Bedeutung für die Entstehung dieses Buches waren. Deine unerschütterliche Hingabe und Unterstützung sind ein kostbares Geschenk in meinem Leben.

Meinen lieben Enkeln Davi, Vivi und João Gabriel, die die Fortsetzung unserer Geschichten und die Hoffnung auf eine strahlende Zukunft repräsentieren. Möge dieses Buch euch dazu inspirieren, eure Leidenschaften zu erkunden und nach der Wahrheit in allen Dingen zu streben.

Meinen Schwiegersöhnen und Schwiegertöchtern Nikolas Bucvar, Eduardo, Jana und Jacque, die unsere Familie mit ihrer Liebe, Unterstützung und wertvollen Beiträgen stärken. Ich danke euch, dass ihr Teil dieser Reise seid und eure bereichernden Perspektiven und Erfahrungen teilt.

Dieses Buch widme ich euch allen, meiner geliebten Familie, mit all meiner Liebe und Dankbarkeit.

Katia Doria da Fonseca Vasconcelos

Willkommen zu dem Buch "QU: Die Revolutionierung von Unternehmen - Vom herkömmlichen Unternehmen zum intelligenten Unternehmen". In diesem Werk werden wir ein mächtiges Konzept namens QU erkunden, das für den Quociente de Inteligência Universal Sincrônico (Synchroner universeller Intelligenzquotient) steht. QU ist eine Metrik und ein Parameter, der darauf abzielt, menschliche Potenziale zu bewerten und auszugleichen, wobei die 360-Grad-Sicht, Resilienz, Anpassungsfähigkeit, Synchronität und emotionale Kontrolle berücksichtigt werden.

In der Geschäftswelt, insbesondere in einer Umgebung, die durch Volatilität, Unsicherheit, Komplexität und Mehrdeutigkeit (VUCA) gekennzeichnet ist, ist es entscheidend, die Bedeutung des Gleichgewichts dieser menschlichen Potenziale zu verstehen. QU bietet einen umfassenden Ansatz zur Messung und Entwicklung dieser wesentlichen Fähigkeiten.

Indem wir QU als Metrik verstehen, können wir menschliche Potenziale objektiv messen und im Laufe der Zeit oder zwischen Individuen vergleichen. Es bietet einen klaren Überblick darüber, wo wir stehen und welche Bereiche entwickelt werden müssen, um ein effektiveres Gleichgewicht zu erreichen.

Darüber hinaus ist QU ein Parameter, der einen Referenzwert festlegt, um das Gleichgewicht der Potenziale zu bewerten. Es definiert einen Bezugspunkt oder eine Grenze, die uns dabei hilft festzustellen, ob wir ein angemessenes Gleichgewicht in jedem der bewerteten Aspekte erreichen. Basierend auf diesem Parameter können wir Bereiche identifizieren, die verbessert werden müssen, und Strategien entwickeln, um ein effektiveres Gleichgewicht zu erreichen.

Im Laufe dieses Buches werden wir erkunden, wie QU die Art und Weise revolutionieren kann, wie wir Geschäfte führen. Wir werden die Bedeutung des Gleichgewichts menschlicher Potenziale und deren praktische Anwendung in Führung, Teammanagement und Geschäftsstrategien diskutieren. Wir werden auch darauf eingehen, wie die Integration von KI (Künstliche Intelligenz) parametriert mit QU die Ergebnisse weiter verbessern und bei strategischen Entscheidungen unterstützen kann.

Bereiten Sie sich auf eine Entdeckungsreise vor, bei der wir erkunden werden, wie QU die Art und Weise transformieren kann, wie wir Geschäfte in der VUCA-Welt verstehen und führen. Die Revolution hat gerade erst begonnen, und QU wird der Schlüssel sein, um das volle Potenzial von Organisationen und den Menschen, die sie bilden, freizusetzen.

ZUSAMMENFASSUNG

QU ALS METRIK UND PARAMETER

Die fünf Potenziale des QU: 360-Grad-Sicht, Resilienz, Anpassungsfähigkeit, Synchronizität und emotionale Kontrolle.

Der QU, als Metrik und Parameter, bietet einen umfassenden Ansatz zur Messung und Balance der menschlichen Potenziale, der über herkömmliche Metriken wie IQ, emotionale Intelligenz und Anpassungsfähigkeit hinausgeht. Er konzentriert sich auf fünf essenzielle Potenziale: 360-Grad-Sicht, Resilienz, Anpassungsfähigkeit, Synchronizität und emotionale Kontrolle.

Anstatt nur einen einzigen Aspekt zu betrachten, berücksichtigt der QU das Zusammenspiel dieser Potenziale und erkennt an, dass alle von ihnen eine fundamentale Rolle für den Erfolg und das Wohlbefinden einer Person spielen. Er lädt uns ein, einen ganzheitlichen und integrierten Blick auf den Menschen zu werfen, der nicht nur die kognitive Intelligenz, sondern auch die emotionalen, sozialen und anpassungsfähigen Fähigkeiten berücksichtigt.

Beispielsweise beinhaltet 360-Grad-Sicht die Fähigkeit, über begrenzte Perspektiven hinauszublicken und verschiedene Blickwinkel zu berücksichtigen. Resilienz ist entscheidend, um mit Herausforderungen und Widrigkeiten umzugehen und sich schnell zu erholen. Anpassungsfähigkeit ermöglicht es einer Person, sich an

Veränderungen anzupassen und sich leicht in neuen Situationen zurechtzufinden. Synchronizität bezieht sich auf die Fähigkeit, effektiv mit anderen zu kommunizieren und produktive Beziehungen und Partnerschaften aufzubauen. Und die emotionale Kontrolle ermöglicht es einer Person, ihre Emotionen auf gesunde und konstruktive Weise zu regulieren und ein emotionales Gleichgewicht herzustellen.

Indem wir diese Potenziale ausbalancieren und entwickeln, bietet uns der QU ein umfassenderes und holistischeres Verständnis des Individuums. Er hilft uns dabei, Bereiche zu identifizieren, in denen wir uns stärken und verbessern können, und ermöglicht eine effektivere persönliche und berufliche Entwicklung. Darüber hinaus ermutigt uns der QU, ein Gleichgewicht zwischen diesen Potenzialen anzustreben und erkennt an, dass alle von ihnen wichtig sind und sich gegenseitig beeinflussen.

Zusammenfassend bietet uns der QU einen umfassenden und integrierten Ansatz zur Messung und Entwicklung der menschlichen Potenziale, der zu einem tieferen und ganzheitlicheren Verständnis des Individuums führt. Indem wir diese Perspektive übernehmen, können wir unser Wachstum und unseren Erfolg auf eine ausgewogenere und harmonischere Weise fördern.

FÜHRUNG IN DER VUCA-WELT: HERAUSFORDERUNGEN UND ANFORDERUNGEN

Die Führung in der VUCA-Welt stellt einzigartige Herausforderungen und beispiellose Anforderungen dar. Die ständigen Veränderungen im Geschäftsumfeld, die schnelle technologische Innovation und die sozioökonomischen Unsicherheiten erfordern von den Führungskräften Agilität, Anpassungsfähigkeit und Widerstandsfähigkeit. In diesem Kontext wird das Konzept des QU noch relevanter, da es einen umfassenden Ansatz bietet, um diese Herausforderungen anzugehen und als Führungskraft hervorzustechen.

Die Bedeutung des Gleichgewichts der Potenziale in der Führung

Das Gleichgewicht der Potenziale des QU ist für effektive Führung in der VUCA-Welt von entscheidender Bedeutung. Die fünf Potenziale - 360-Grad-Sicht, Widerstandsfähigkeit, Anpassungsfähigkeit, Synchronizität und emotionale Kontrolle - arbeiten zusammen, um die Fähigkeit des Führers zu stärken, komplexe Situationen zu bewältigen, informierte Entscheidungen zu treffen und mit Zuversicht zu führen. Jedes dieser Potenziale spielt eine wesentliche Rolle in der Fähigkeit des Führers, Herausforderungen vorherzusehen, kreative Lösungen zu finden und das Team zu inspirieren.

Strategien zur Entwicklung der Potenziale des QU in der Führung

Die Entwicklung der Potenziale des QU in der Führung erfordert einen strukturierten und gezielten Ansatz. Hier sind einige praktische Strategien, um jedes der Potenziale des QU zu stärken:

1. 360-Grad-Sicht: Erweitern Sie Ihre Perspektive, indem Sie verschiedene Meinungen anhören und verschiedene Standpunkte berücksichtigen. Schaffen Sie eine offene und kollaborative Umgebung, in der alle Stimmen geschätzt werden.

2. Widerstandsfähigkeit: Entwickeln Sie Ihre Widerstandsfähigkeit durch angemessenes Stress- und Druckmanagement. Kultivieren Sie eine Mentalität des kontinuierlichen Lernens, indem

Sie Lektionen und Wachstumsmöglichkeiten in herausfordernden Zeiten suchen. Unterstützen Sie Ihr Team, indem Sie emotionale Unterstützung und die notwendigen Ressourcen zur Bewältigung von Widrigkeiten bieten.

3. Anpassungsfähigkeit: Seien Sie bereit, sich an Veränderungen anzupassen und neue Chancen zu ergreifen. Seien Sie flexibel in Ihrer Herangehensweise, seien Sie offen für neue Ideen und zeigen Sie eine agile und empfängliche Denkweise.

4. Synchronizität: Fördern Sie Zusammenarbeit und effektive Kommunikation in Ihrem Team. Setzen Sie klare Ziele und bringen Sie individuelle und gemeinsame Anstrengungen in Einklang mit den organisatorischen Zielen.

Ermutigen Sie den Austausch von Wissen und Erfahrungen zwischen den Teammitgliedern.

5. Emotionale Kontrolle: Lernen Sie, Ihre eigenen Emotionen sowie die Emotionen anderer zu erkennen und zu bewältigen. Entwickeln Sie Fähigkeiten der emotionalen Intelligenz wie Empathie und emotionale Selbstregulierung. Schaffen Sie eine gesunde Arbeitsumgebung, die das emotionale Wohlbefinden und die Mitarbeiterbindung fördert.

QU und das Teammanagement

Die Anwendung des QU im Teammanagement beinhaltet die Anerkennung und Entwicklung der individuellen und kollektiven Potenziale. Durch das Verständnis der QU-Potenziale jedes Teammitglieds kann der Führer

Verantwortlichkeiten strategisch zuweisen, maßgeschneiderte Entwicklungspläne erstellen und eine Arbeitsumgebung fördern, die Wachstum und Zusammenarbeit unterstützt. QU dient als Kompass, der den Führer bei der Schaffung ausgewogener, engagierter und effektiver Teams leitet und ihnen ermöglicht, außergewöhnliche Ergebnisse zu erzielen.

Bei der Bewältigung der Herausforderungen der Führung in der VUCA-Welt werden das Verständnis und die Anwendung der QU-Potenziale zu leistungsstarken Werkzeugen für Führungskräfte. Durch das Gleichgewicht dieser Potenziale und die Anwendung von Strategien zu ihrer Entwicklung können Führungskräfte in einer sich ständig verändernden Welt herausragen und ihre Teams erfolgreich führen.

HOCHLEISTUNGSTEAMS AUF DER GRUNDLAGE DER POTENZIALE DES QU

Der Aufbau von Hochleistungsteams ist eine entscheidende Herausforderung für Organisationen, die in einer VUCA-Welt hervorstechen möchten. Die Potenziale des QU spielen dabei eine wichtige Rolle und ermöglichen es den Führungskräften, ausgewogene, engagierte Teams zu entwickeln, die den Herausforderungen eines sich ständig wandelnden Geschäftsumfelds gewachsen sind.

Beim Aufbau von Hochleistungsteams basierend auf den Potenzialen des QU sollten folgende Ansätze berücksichtigt werden:

Identifizierung individueller Potenziale: Jedes Teammitglied verfügt über einzigartige und ergänzende Potenziale. Es ist wichtig, eine individuelle Analyse durchzuführen, um die Potenziale jedes Mitglieds unter Berücksichtigung seiner Fähigkeiten, Erfahrungen und Perspektiven zu identifizieren. Basierend auf dieser Analyse können die Führungskräfte Aufgaben und Verantwortlichkeiten entsprechend den Potenzialen jedes Mitglieds zuweisen und so das volle Potenzial der Fähigkeiten ausschöpfen.

Förderung der Synergie im Team: Das Gleichgewicht der QU-Potenziale im Team ist entscheidend, um Synergien und Zusammenarbeit zwischen den Mitgliedern zu schaffen. Führungskräfte sollten den Austausch von Wissen und Erfahrungen fördern und eine Kultur der Kooperation und gegenseitigen Unterstützung etablieren. Es ist wichtig, klare und auf die individuellen und kollektiven Potenziale abgestimmte Ziele festzulegen, um ein gemeinsames Zielgefühl zu schaffen.

Entwicklung von Kommunikations- und Zusammenarbeitsfähigkeiten: Effektive Kommunikation und Zusammenarbeit sind entscheidend für den Erfolg von Teams. Führungskräfte sollten den

Austausch von Ideen fördern, aktiv zuhören und die Beteiligung aller Mitglieder an Diskussionen und Entscheidungen unterstützen. Darüber hinaus ist es wichtig, kontinuierliche Schulungen und Entwicklungsmaßnahmen in den Bereichen Kommunikation und Zusammenarbeit anzubieten, um die Effizienz des Teams bei der Zusammenarbeit zu verbessern.

Die Nutzung der auf QU basierenden parametrisierten KI zur Verbesserung des Teammanagements

Die Nutzung der auf QU basierenden parametrisierten KI bietet eine einzigartige Möglichkeit zur Verbesserung des Teammanagements und zur

Maximierung des menschlichen Potenzials. Indem KI als Analyse- und Unterstützungswerkzeug eingesetzt wird, können Führungskräfte wertvolle Erkenntnisse über die Leistung und Entwicklung des Teams gewinnen.

Die auf QU basierende parametrisierte KI kann Führungskräfte auf verschiedene Weise unterstützen, darunter:

Datenanalyse: Die KI kann Daten zum individuellen und kollektiven Leistungsniveau des Teams sammeln und analysieren. Dazu gehören Leistungskennzahlen, Kundenfeedback, Engagement-Indikatoren und vieles mehr. Auf Basis dieser Daten können Führungskräfte Bereiche zur

Verbesserung identifizieren, Entwicklungschancen erkennen und effektive Strategien zur Optimierung der Teamleistung umsetzen.

Identifizierung unentwickelter Potenziale: Die auf QU basierende parametrisierte KI kann unentwickelte Potenziale bei einzelnen Teammitgliedern identifizieren. Anhand der QU-Metriken und -Parameter kann die KI das Gleichgewicht der Potenziale bei jedem Mitglied bewerten und Bereiche aufzeigen, die Aufmerksamkeit und Entwicklung erfordern. Dies ermöglicht es den Führungskräften, maßgeschneiderte Entwicklungspläne zu implementieren und Wachstums- und Verbesserungsmöglichkeiten für jedes Teammitglied zu bieten.

Unterstützung bei Entscheidungsfindung: Die KI kann Einblicke und Empfehlungen zur Unterstützung der Entscheidungsfindung von Teamführungskräften liefern. Basierend auf der Datenanalyse und den QU-Parametern kann die KI Vorschläge zur Aufgabenverteilung, Teamzusammensetzung und Problemlösungsstrategien machen. Dies ermöglicht es den Führungskräften, fundierte Entscheidungen zu treffen und das volle Potenzial des Teams auszuschöpfen.

QU und Geschäftsstrategien

QU spielt eine entscheidende Rolle bei der Definition und Umsetzung von Geschäftsstrategien. Indem die

Potenziale des QU berücksichtigt werden, können Führungskräfte anpassungsfähigere, widerstandsfähigere und auf die Anforderungen der VUCA-Welt ausgerichtete Strategien entwickeln.

Einige wichtige Aspekte der Anwendung von QU in Geschäftsstrategien umfassen:

Antizipation von Herausforderungen und Trends: QU ermöglicht es Führungskräften, Herausforderungen und Trends vorherzusehen und ermöglicht ihnen so, proaktive und strategische Entscheidungen zu treffen. Basierend auf den Potenzialen des QU können Führungskräfte Schwachstellen identifizieren und

Risikominderungsstrategien implementieren.

Agilität und Anpassungsfähigkeit: QU betont die Bedeutung von Anpassungsfähigkeit und Agilität im Geschäftsmanagement. Führungskräfte können die Potenziale des QU nutzen, um eine Unternehmenskultur zu entwickeln, die kontinuierliches Lernen, Flexibilität und die Fähigkeit zur schnellen Anpassung an Marktveränderungen schätzt.

Mitarbeiterengagement und Motivation: Die Anwendung von QU im strategischen Management ermöglicht es Führungskräften, ein engagiertes und motiviertes Team aufzubauen. Indem sie die individuellen und kollektiven

Potenziale des QU berücksichtigen, können Führungskräfte Aufgaben strategisch zuweisen, maßgeschneiderte Entwicklungspläne erstellen und eine Arbeitsumgebung fördern, die Wachstum und Zusammenarbeit unterstützt.

Indem Führungskräfte die Potenziale des QU bei der Schaffung von Hochleistungsteams, der Nutzung der auf QU basierenden parametrisierten KI undder Definition von Geschäftsstrategien berücksichtigen, sind sie in der Lage, den Herausforderungen der VUCA-Welt zu begegnen und den Erfolg ihrer Organisationen voranzutreiben.

ANPASSUNG AN DIE
MARKTVERÄNDERUNGEN MIT DEM QU

In einer sich ständig verändernden Geschäftsumgebung ist es entscheidend, sich schnell an die Marktanforderungen anzupassen, um das Überleben und den Erfolg von Organisationen zu gewährleisten. Der QU spielt dabei eine entscheidende Rolle, indem er es den Führungskräften ermöglicht, das Gleichgewicht der Potenziale zu verstehen und zu bewerten, das erforderlich ist, um den Herausforderungen des sich ständig verändernden Marktes zu begegnen.

Durch die Potenziale des QU können Führungskräfte eine Mentalität der Anpassungsfähigkeit entwickeln, indem sie Chancen für Innovation, Diversifizierung und Restrukturierung identifizieren und nutzen. Der QU bietet eine Metrik und einen Parameter, um die Anpassungsfähigkeit einer Organisation an Marktveränderungen zu bewerten, wobei nicht nur externe Faktoren, sondern auch die Resilienz, Synchronität und 360-Grad-Sicht der beteiligten Individuen und Teams berücksichtigt werden.

Identifizierung und Vorwegnahme von Herausforderungen in einer VUCA-Umgebung Eine der größten Herausforderungen für Organisationen in einer VUCA-Umgebung ist die Unsicherheit und Unvorhersehbarkeit. Der QU ermöglicht es jedoch den Führungskräften, diese

Herausforderungen zu identifizieren und vorwegzunehmen, indem sie einen präventiven und proaktiven Ansatz verfolgen.

Durch die Bewertung und das Gleichgewicht der QU-Potenziale können Führungskräfte verwundbare Bereiche identifizieren und Risikominderungsstrategien implementieren. Die 360-Grad-Sicht ermöglicht ein holistisches Verständnis der Geschäftsumgebung, unter Berücksichtigung interner und externer Faktoren. Die Resilienz ermöglicht es der Organisation, sich schnell von Widrigkeiten zu erholen, während die Anpassungsfähigkeit es dem Unternehmen ermöglicht, sich an Marktveränderungen anzupassen. Die Synchronität fördert die Harmonie zwischen verschiedenen Teilen der Organisation und ermöglicht eine effiziente Reaktion auf aufkommende Herausforderungen.

Verwendung der mit QU parametrisierten KI zur Förderung von Geschäftsstrategien Die mit QU parametrisierte KI bietet ein leistungsstarkes Werkzeug zur Förderung von Geschäftsstrategien. Durch die Analyse von Daten und die Anwendung der QU-Parameter kann KI wertvolle Erkenntnisse liefern, um strategische Entscheidungen zu lenken und die operative Effizienz zu verbessern.

KI kann interne und externe Daten analysieren, Trends, Muster und Geschäftsmöglichkeiten identifizieren. Durch die Kombination der QU-Potenziale mit der Intelligenz der KI können Führungskräfte fundierte Entscheidungen treffen, die auf Daten basieren, um die

Leistungsfähigkeit der Organisation zu optimieren.

Darüber hinaus kann die mit QU parametrisierte KI bei der Identifizierung und Entwicklung von Talenten unterstützen, indem sie individuelle Potenziale analysiert und personalisierte Entwicklungspläne vorschlägt. Dies ermöglicht es Führungskräften, starke Teams aufzubauen, die auf die strategischen Ziele der Organisation ausgerichtet sind.

QU: Die Zukunft des Geschäftslebens Während sich die VUCA-Welt weiterentwickelt, stellt der QU einen revolutionären Ansatz zur Bewältigung von geschäftlichen Herausforderungen dar. Durch das Gleichgewicht der QU-Potenziale können Organisationen eine Kultur der Anpassungsfähigkeit, Resilienz und kontinuierlichen Innovation entwickeln.

Durch die Verwendung der mit QU parametrisierten KI können Führungskräfte geschäftsorientierte Strategien vorantreiben, die auf menschlichen Potenzialen basieren und auf Erkenntnissen und Datenanalysen beruhen. Dies ermöglicht es Organisationen, Marktveränderungen vorwegzunehmen, Chancen zu identifizieren und Herausforderungen proaktiv anzugehen.

Der QU repräsentiert die Zukunft des Geschäftslebens, in dem die Metrik und der Parameter des Gleichgewichts menschlicher Potenziale entscheidend für den Erfolg von Organisationen sind. Durch die Annahme dieses revolutionären Ansatzes können Unternehmen in einer VUCA-Welt herausragende Leistungen erbringen und Innovation, Wettbewerbsfähigkeit und nachhaltiges Wachstum vorantreiben.

TRENDENTWICKLUNGEN UND DIE ENTWICKLUNG DES QU

Die Geschäftswelt befindet sich in ständiger Entwicklung, angetrieben von technologischen Fortschritten, sozialen und wirtschaftlichen Veränderungen und der zunehmenden Komplexität des Unternehmensumfelds. In diesem Zusammenhang entsteht das QU als eine revolutionäre Herangehensweise, um Herausforderungen anzunehmen und sich bietende Chancen zu nutzen.

Während Organisationen bestrebt sind, sich an eine VUCA-Umgebung anzupassen, gewinnt das QU zunehmend an Relevanz. Das Verständnis und Gleichgewicht menschlicher Potenziale werden entscheidend, um in dieser sich ständig verändernden Landschaft zu navigieren. Das QU als Maßstab und Parameter bietet eine solide Grundlage zur Bewertung und Entwicklung dieser Potenziale und ermöglicht einen ganzheitlicheren und effektiveren Ansatz für das Unternehmensmanagement.

Herausforderungen und Chancen bei der Integration des QU in Unternehmen

Die Integration des QU in Unternehmen bringt einzigartige

Herausforderungen und Chancen mit sich. Obwohl das Verständnis menschlicher Potenziale von entscheidender Bedeutung ist, erfordert die praktische Umsetzung des QU möglicherweise signifikante Veränderungen in bestehenden Strukturen und Prozessen.

Eine der wichtigsten Chancen besteht darin, leistungsstarke Teams aufzubauen, die im Einklang mit den Potenzialen des QU stehen. Dies beinhaltet die Identifizierung von Talenten, die Entwicklung von Fähigkeiten, die Förderung der Zusammenarbeit und die Schaffung einer Unternehmenskultur, die das Gleichgewicht menschlicher Potenziale schätzt. Mit anpassungsfähigeren, widerstandsfähigeren und synchronisierten Teams können Unternehmen Herausforderungen effektiver bewältigen und Wachstumschancen nutzen.

Die Integration des QU stellt jedoch auch Herausforderungen dar, wie beispielsweise Widerstand gegen Veränderungen, Schulungs- und Entwicklungsbedarf sowie die Integration von KI-Parametern mit QU in den täglichen Betrieb von Unternehmen. Es ist wichtig, dass Führungskräfte auf diese Herausforderungen vorbereitet sind, indem sie in Schulungen investieren und eine Kultur des kontinuierlichen Lernens fördern.

Vorbereitung auf eine QU-orientierte Zukunft

QU repräsentiert einen innovativen und vielversprechenden Ansatz für Unternehmen, und Unternehmen, die bereit sind, diesen Ansatz anzunehmen, haben die Möglichkeit, sich in einer VUCA-Welt abzuheben. Um sich auf eine QU-orientierte Zukunft vorzubereiten, ist es wichtig, einige Richtlinien zu beachten:

1. Verständnis der QU-Potenziale: Führungskräfte sollten ein tiefes Verständnis für die fünf Potenziale des QU (360-Grad-Sicht, Resilienz, Anpassungsfähigkeit, Synchronizität und emotionale Kontrolle) und deren Bedeutung im Geschäftskontext haben.

2. Investition in Schulungen und Entwicklung: Organisationen sollten Schulungen und

Entwicklungsprogramme anbieten, die Mitarbeitern helfen, ihre Potenziale zu verbessern und die für die Bewältigung der Herausforderungen einer VUCA-Welt erforderlichen Fähigkeiten zu entwickeln.

3. Integration von KI-Parametern mit QU: Die Anwendung von KI-Parametern mit QU kann erhebliche Vorteile für Unternehmen bringen. Es ist erforderlich, in angemessene Technologie und Ressourcen zu investieren, um das volle Potenzial dieser Kombination zu nutzen und umzusetzen.

4. Förderung einer Kultur des Potenzialgleichgewichts: Unternehmen sollten eine Kultur fördern, die das Gleichgewicht

menschlicher Potenziale schätzt und die Bedeutung jedes einzelnen Potenzials anerkennt und seine Anwendung im Alltag fördert.

Durch die Vorbereitung auf eine QU-orientierte Zukunft sind Unternehmen besser positioniert, um aufkommenden Herausforderungen zu begegnen, Geschäftsmöglichkeiten zu nutzen und außergewöhnliche Ergebnisse in einer sich ständig wandelnden VUCA-Welt zu erzielen.

UMSETZUNG DES QU:
HERAUSFORDERUNGEN UND PRAKTISCHE SCHRITTE

Die Implementierung des QU (Universal Synchronic Intelligence Quotient) in Unternehmen ist ein herausfordernder Prozess, aber auch voller Chancen. In diesem Kapitel werden wir die üblichen Herausforderungen bei der Implementierung des QU behandeln und praktische Anleitungen geben, um diese Herangehensweise effektiv in Ihrer Organisation umzusetzen. Wir werden die notwendigen Schritte erkunden, um Widerstände zu überwinden, Mitarbeiter zu engagieren und eine Kultur des

Gleichgewichts der menschlichen Potenziale zu etablieren.

Identifikation von Herausforderungen und Widerständen Beim Start der QU-Implementierung ist es wichtig, sich der Herausforderungen und Widerstände bewusst zu sein, die auftreten können. Einige Mitarbeiter könnten zögern, konventionelle Praktiken aufzugeben, während andere befürchten könnten, dass die mit QU parametrisierte KI ihre Arbeitsplätze ersetzen könnte. Es ist wichtig, diese Herausforderungen und Widerstände zu identifizieren, um angemessen darauf reagieren zu können.

Eine effektive Strategie besteht darin, Sensibilisierungs- und Aufklärungssitzungen abzuhalten, in denen die Vorteile und Chancen von QU offen und transparent diskutiert werden. Es ist wichtig, die Mitarbeiter von Anfang an einzubeziehen, ihre Bedenken anzuhören und ihre Fragen zu beantworten. Darüber hinaus können erfolgreiche Beispiele und reale Fallstudien von Unternehmen, die QU erfolgreich implementiert haben, helfen, Zweifel und Ängste zu zerstreuen.

Mitarbeiterengagement Das Engagement der Mitarbeiter ist entscheidend für den Erfolg der QU-Implementierung. Es ist wichtig, eine Umgebung des Vertrauens und der Zusammenarbeit zu schaffen, in der sich die Mitarbeiter geschätzt fühlen und Teil des Transformationsprozesses sind. Fördern Sie die aktive Beteiligung der

Mitarbeiter, indem Sie ihnen ermöglichen, Ideen, Vorschläge und Feedback während des gesamten Prozesses einzubringen.

Eine effektive Strategie besteht darin, Arbeitsgruppen oder multidisziplinäre Ausschüsse einzurichten, in denen die Mitarbeiter an der Festlegung von Zielen, der Identifizierung spezifischer Herausforderungen und der Entwicklung von Lösungen zusammenarbeiten können. Diese Herangehensweise bindet die Mitarbeiter direkt in den Implementierungsprozess ein und schafft ein Gefühl von Besitz und Engagement für die Ergebnisse.

Festlegung von Zielen und Indikatoren Um den Fortschritt und die Auswirkungen von QU im Unternehmen zu messen, ist es unerlässlich, klare Ziele und relevante Leistungsindikatoren festzulegen. Die Ziele sollten mit der strategischen Vision der Organisation übereinstimmen und die gewünschten Ergebnisse der QU-Implementierung widerspiegeln. Die Leistungsindikatoren sollten sorgfältig ausgewählt werden, unter Berücksichtigung der QU-Potentiale wie 360-Grad-Sicht, Resilienz, Anpassungsfähigkeit, Synchronizität und emotionale Kontrolle.

Darüber hinaus ist es wichtig, diese Ziele und Indikatoren klar und transparent für die Mitarbeiter zu kommunizieren, um sicherzustellen, dass alle ihre Bedeutung verstehen und wissen, wie sie dazu beitragen können, sie zu erreichen. Dies fördert ein gemeinsames Verständnis und eine gemeinsame Ausrichtung, indem individuelle und kollektive Anstrengungen im Gleichgewicht der menschlichen Potenziale in der Organisation zusammengeführt werden.

Erstellung eines Aktionsplans Ein detaillierter Aktionsplan ist entscheidend, um die QU-Implementierung zu leiten und sicherzustellen, dass alle Schritte organisiert und effizient durchgeführt werden. Der Aktionsplan sollte einen realistischen Zeitplan enthalten, der klare Fristen und Verantwortlichkeiten für jeden Schritt des Prozesses festlegt.

Es ist wichtig, die Schulungsbedürfnisse der Mitarbeiter zu berücksichtigen, indem Schulungen und Workshops angeboten werden, die ihnen helfen, die Prinzipien von QU in ihrer täglichen Arbeit zu verstehen und anzuwenden. Darüber hinaus muss sichergestellt werden, dass die technische Infrastruktur bereit ist, die Implementierung der mit QU parametrisierten KI zu unterstützen, um angemessene Sicherheit und Leistung zu gewährleisten.

Kontinuierliches Monitoring und erforderliche Anpassungen Die QU-Implementierung ist kein statischer Prozess, und es ist entscheidend, eine kontinuierliche Überwachung durchzuführen, um den Fortschritt zu bewerten und mögliche

Anpassungen unterwegs zu identifizieren. Es wird empfohlen, Feedback- und Bewertungsmechanismen einzurichten, in denen Mitarbeiter ihre Meinungen äußern und Verbesserungsvorschläge machen können.

Darüber hinaus ist es wichtig, auf Veränderungen in der externen Umgebung, wie neue Trends und aufkommende Technologien, zu achten und die QU-Implementierung entsprechend anzupassen. Flexibilität und die Fähigkeit, den Kurs anzupassen, sind entscheidend, um sicherzustellen, dass QU relevant und effektiv bleibt im Laufe der Zeit.

Beispiele von Unternehmen, die QU erfolgreich implementiert haben Um die Mitarbeiter zu inspirieren und zu motivieren, teilen Sie Beispiele von Unternehmen, die QU erfolgreich implementiert haben, und die erzielten Ergebnisse. Heben Sie hervor, wie diese Unternehmen die menschlichen Potenziale ausgeglichen haben, die Führung gestärkt haben, leistungsstarke Teams aufgebaut haben und innovative Geschäftsstrategien vorantreiben.

Diese Beispiele können als Modelle und Referenzen für die Mitarbeiter dienen, indem sie zeigen, dass die Implementierung von QU möglich ist und konkrete Vorteile für Unternehmen bringt. Bei der Vorstellung konkreter Fallbeispiele ist es wichtig, die Herausforderungen und die angewandten Strategien zur

Bewältigung zu betonen, um einen praktischen und realistischen Einblick in den Implementierungsprozess zu geben.

Fazit Die Implementierung von QU in Unternehmen erfordert eine sorgfältige und strukturierte Herangehensweise. Durch die Identifikation von Herausforderungen, das Engagement der Mitarbeiter, die Festlegung von Zielen und Indikatorenund die Erstellung eines Aktionsplans sowie das kontinuierliche Monitoring können Unternehmen bedeutende Ergebnisse erzielen und sich zu intelligenten und auf das Gleichgewicht der menschlichen Potenziale ausgerichteten Organisationen entwickeln.

Indem Sie QU als neue Herangehensweise an die Herausforderungen der VUCA-Welt annehmen, werden Unternehmen darauf vorbereitet, sich den Marktveränderungen zu stellen, Herausforderungen zu identifizieren und vorherzusehen und innovative Geschäftsstrategien voranzutreiben. QU bietet eine ganzheitliche und integrierte Sichtweise, indem es die menschlichen Potenziale mit Unterstützung der mit QU parametrisierten KI ausbalanciert.

Denken Sie daran, dass die Implementierung von QU eine transformative Reise ist. Durch Befolgung der in diesem Kapitel dargestellten Schritte und durch kontinuierliches Engagement für das Gleichgewicht der menschlichen

Potenziale wird Ihr Unternehmen darauf vorbereitet sein, mit Zuversicht und Exzellenz in die Zukunft zu gehen. QU ist der Weg zu einem wirklich intelligenten Unternehmen, das bereit ist, den Herausforderungen und Chancen einer sich ständig wandelnden Welt zu begegnen.

Dieses Kapitel hat praktische Leitlinien zur Bewältigung der Herausforderungen der QU-Implementierung und zur Umsetzung dieser Herangehensweise in Ihrem Unternehmen geliefert. Passen Sie die Strategien und Ansätze an die spezifischen Bedürfnisse Ihres Unternehmens an und fördern Sie eine Kultur der Zusammenarbeit, des Lernens und des Wachstums.

Mit QU als Leitfaden wird Ihr Unternehmen bereit sein, den Herausforderungen der VUCA-Welt zu begegnen, Veränderungen vorherzusehen, die Führung zu stärken, leistungsstarke Teams aufzubauen und innovative Geschäftsstrategien voranzutreiben. Bereiten Sie sich darauf vor, die Vorteile eines intelligenten Unternehmens zu ernten, in dem das Gleichgewicht der menschlichen Potenziale und die mit QU parametrisierte KI zusammenkommen, um außergewöhnliche Ergebnisse zu erzielen.

Denken Sie daran, dass die Implementierung von QU eine transformative Reise ist. Indem Sie den in diesem Kapitel dargestellten

Schritten folgen und eine kontinuierliche Verpflichtung zum Gleichgewicht der menschlichen Potenziale beibehalten, wird Ihr Unternehmen bereit sein, mit Vertrauen und Exzellenz in die Zukunft zu gehen. QU ist der Weg zu einem Unternehmen, das auf die Herausforderungen und Chancen einer sich ständig entwickelnden Welt vorbereitet ist.

IMPLEMENTIERUNG KÜNSTLICHER INTELLIGENZ IN UNTERNEHMEN

Die Implementierung von Künstlicher Intelligenz (KI) in Unternehmen hat sich als Wettbewerbsvorteil und Möglichkeit erwiesen, Effizienz, Innovation und Geschäftserfolg zu fördern. In diesem Kapitel werden wir die Vorteile und Herausforderungen der Implementierung von KI erkunden und praktische Anleitungen geben, um Unternehmen bei der Integration in ihre Betriebsabläufe zu unterstützen.

Die Vorteile von KI in Unternehmen
KI bietet eine Vielzahl von Vorteilen

für Unternehmen, von der Automatisierung sich wiederholender Aufgaben bis zur fortgeschrittenen Datenanalyse und intelligenten Entscheidungsfindung. Durch die Implementierung von KI können Unternehmen wertvolle Erkenntnisse gewinnen, die operationale Effizienz verbessern, Innovation fördern und die Kundenerfahrung verbessern.

Durch die Analyse großer Datenmengen kann KI versteckte Muster und Trends identifizieren, die Unternehmen helfen, ihre Kunden besser zu verstehen, Nachfragen vorauszusehen und fundierte strategische Entscheidungen zu treffen. Darüber hinaus kann KI Prozesse automatisieren, menschliche Fehler reduzieren und die Produktivität steigern.

Herausforderungen bei der Implementierung von KI Obwohl die Implementierung von KI zahlreiche Vorteile bietet, stellt sie auch einzigartige Herausforderungen dar. Einige der häufigen Herausforderungen umfassen die Integration mit bestehenden Systemen, die Sicherheit und den Datenschutz von Daten, das Finden von Fachkräften für KI und den Widerstand gegen Veränderungen seitens der Mitarbeiter.

Es ist wichtig, diese Herausforderungen proaktiv anzugehen. Dies kann durch strategische Partnerschaften mit KI-Experten, Investitionen in Schulungs- und Bewusstseinsprogramme sowie die Festlegung robuster Richtlinien für den Datenschutz erreicht werden.

Darüber hinaus ist es entscheidend, die Mitarbeiter von Anfang an einzubeziehen, Schulungen anzubieten und die Vorteile von KI zu kommunizieren, um den Widerstand zu überwinden und die Akzeptanz zu fördern.

Schritte zur Implementierung von KI in Unternehmen Die Implementierung von KI erfordert einen strukturierten und geplanten Ansatz. Hier sind einige Schritte zu beachten:

1. Bewertung der Machbarkeit: Analysieren Sie die Bedürfnisse des Unternehmens und identifizieren Sie die Bereiche, die von der Implementierung von KI profitieren können. Berücksichtigen Sie die

erforderlichen Ressourcen, die Investitionsrendite und die möglichen Auswirkungen auf bestehende Prozesse.

2. Festlegung einer Strategie: Definieren Sie eine klare Strategie, die mit den Zielen des Unternehmens übereinstimmt. Identifizieren Sie prioritäre Anwendungsfälle und setzen Sie realistische Ziele für die Implementierung von KI.

3. Beschaffung der richtigen Werkzeuge: Recherchieren Sie und wählen Sie die für Ihr Unternehmen geeigneten KI-Tools aus. Dies kann Lösungen für maschinelles Lernen, natürliche Sprachverarbeitung oder Datenanalyse umfassen.

4. Mitarbeiter schulen: Investieren Sie in die Schulung Ihrer

Mitarbeiter für die Arbeit mit KI. Dies kann interne Schulungen, die Einstellung von KI-Experten oder Partnerschaften mit spezialisierten Unternehmen umfassen.

5. Pilotprojekte durchführen und bewerten: Führen Sie Pilotprojekte durch, um die Implementierung von KI in einer kontrollierten Umgebung zu testen. Bewerten Sie die Ergebnisse, nehmen Sie bei Bedarf Anpassungen vor und sammeln Sie Feedback von den beteiligten Mitarbeitern.

6. Skalierung der Implementierung: Basierend auf den Ergebnissen der Pilotprojekte erweitern Sie die Implementierung von KI auf andere Bereiche des

Unternehmens. Verfolgen Sie den Fortschritt, nehmen Sie kontinuierliche Anpassungen vor und suchen Sie nach weiteren Möglichkeiten, KI anzuwenden.

Ethik und Verantwortung Bei der Implementierung von KI ist es entscheidend, ethische und verantwortungsvolle Aspekte zu berücksichtigen. Dies beinhaltet den Schutz der Privatsphäre und Sicherheit von Daten, die Vermeidung algorithmischer Diskriminierung und die Förderung von Transparenz in Entscheidungsprozessen.

Außerdem ist es wichtig, dass Unternehmen klare Richtlinien für die Verwendung von KI festlegen und diese Leitlinien den Mitarbeitern kommunizieren. Dadurch wird sichergestellt, dass KI ethisch angewendet wird und den Unternehmenswerten entspricht.

Fazit Die Implementierung von KI in Unternehmen bietet zahlreiche Chancen, die Effizienz, Innovation und den Erfolg zu fördern. Indem Sie die Vorteile, Herausforderungen und einen strukturierten Ansatz berücksichtigen, können Unternehmen das volle Potenzial von KI ausschöpfen.

In diesem Kapitel haben wir die Vorteile der Implementierung von KI diskutiert, wie die Automatisierung von Aufgaben, fortgeschrittene Datenanalyse undintelligente Entscheidungsfindung. Wir haben auch die häufigen Herausforderungen bei der Implementierung von KI behandelt, wie die Integration mit bestehenden Systemen und den Widerstand gegen Veränderungen.

Wir haben praktische Schritte vorgestellt, um KI in Unternehmen zu implementieren, von der Bewertung der Machbarkeit bis zur Schulung der Mitarbeiter und der Durchführung von Pilotprojekten. Wir haben betont, wie wichtig es ist, ethische und verantwortungsvolle Aspekte bei der Nutzung von KI zu berücksichtigen.

Mit einem engagierten Ansatz und einer auf die Bedürfnisse des Unternehmens ausgerichteten Vorgehensweise sind Unternehmen bereit, Innovationen voranzutreiben, die Effizienz zu steigern und den Herausforderungen des Marktes zu begegnen.

Im nächsten Kapitel werden wir das transformative Potenzial der Integration von KI und dem QU in Unternehmen untersuchen. Wir werden sehen, wie diese beiden komplementären Ansätze zusammenkommen können, um eine einzigartige Synergie zu schaffen, die den Erfolg fördert und Unternehmen auf eine Zukunft vorbereitet, die vom Gleichgewicht der menschlichen Potenziale und synchroner Intelligenz geprägt ist.

INTELLIGENTES UNTERNEHMEN MIT QU UND KI IN DER VUCA-WELT

In diesem Kapitel werden wir erkunden, wie die Parametrisierung des QU in KI ein konventionelles Unternehmen in ein Intelligentes Unternehmen verwandeln kann. In einer VUCA-Welt, gekennzeichnet durch Volatilität, Unsicherheit, Komplexität und Mehrdeutigkeit, stehen Unternehmen ständig vor Herausforderungen. Wir werden sehen, wie das QU mit seinem ganzheitlichen Ansatz und KI mit seiner fortschrittlichen Verarbeitungsfähigkeit signifikante Verbesserungen im Geschäft vorantreiben kann, um es agiler, anpassungsfähiger und effizienter zu machen.

Die Bedeutung von QU und KI bei der Unternehmensumwandlung

QU mit seinen fünf Potenzialen - 360-Grad-Sicht, Resilienz, Anpassungsfähigkeit, Synchronizität und emotionale Kontrolle - liefert die Grundlage für die Balance und Entwicklung des menschlichen Potenzials in Unternehmen. Die Parametrisierung des QU in KI verstärkt diese Potenziale und ermöglicht es dem Unternehmen, das kollektive Wissen und die Fähigkeit zur Vorhersage und Problemerkennung bestmöglich zu nutzen.

Durch die Integration von QU-parametrisierter KI können Unternehmen signifikante Verbesserungen in verschiedenen Schlüsselbereichen erzielen:

Strategische Entscheidungsfindung: KI kann große Datenmengen analysieren, Muster erkennen und wertvolle Einblicke für strategische Entscheidungen liefern. Durch die Parametrisierung des QU können Entscheidungen auf der Grundlage des Gleichgewichts der Potenziale getroffen werden, wobei nicht nur quantitative Daten, sondern auch die ganzheitliche Sichtweise des Menschen berücksichtigt werden.

Agilität und Anpassungsfähigkeit: Die Parametrisierung des QU in KI ermöglicht es dem Unternehmen, sich schnell an Veränderungen im Geschäftsumfeld anzupassen. KI kann aufkommende Trends erkennen, Herausforderungen vorwegnehmen und Empfehlungen für strategische Anpassungen geben. Das QU fördert Resilienz und Anpassungsfähigkeit der Mitarbeiter, befähigt sie, mit Unsicherheiten und Herausforderungen umzugehen.

Betriebliche Effizienz: Die Automatisierung wiederkehrender Aufgaben und die Prozessoptimierung durch KI können die betriebliche Effizienz erheblich verbessern. Die Parametrisierung des QU in KI berücksichtigt auch die emotionale Balance und Synchronizität, schafft eine produktive und harmonische Arbeitsumgebung.

Verbesserte Kundenerfahrung: KI kann die Kundenerfahrung personalisieren, indem sie maßgeschneiderte Empfehlungen, schnelle Reaktionszeiten und effiziente Problemlösungen bietet. Die Parametrisierung des QU in KI berücksichtigt auch die emotionale Kontrolle und gewährleistet positive und zufriedenstellende Interaktionen mit Kunden.

Innovation und Kreativität: Die Kombination von KI und dem Gleichgewicht der Potenziale des QU fördert Innovation und Kreativität in Unternehmen. Die Parametrisierung des QU in KI fördert eine 360-Grad-Sicht, fördert Zusammenarbeit und Vielfalt der Perspektiven und führt zu innovativen und differenzierten Lösungen.

Beispiele für Unternehmen, die QU und KI anwenden

Mehrere Unternehmen nutzen bereits die Kraft von QU und KI, um ihre Geschäfte zu transformieren und Erfolg voranzutreiben. Hier sind einige inspirierende Beispiele:

Amazon: Amazon nutzt die QU-parametrisierte KI, um das Kundenerlebnis zu personalisieren.

Durch fortschrittliche Algorithmen empfiehlt das Unternehmen Produkte auf der Grundlage der Vorlieben und Kaufhistorie der Kunden, um ein hochgradig personalisiertes Einkaufserlebnis zu gewährleisten.

Tesla: Tesla integriert die QU-parametrisierte KI in seine autonomen Elektrofahrzeuge. Diese Fahrzeuge verwenden maschinelles Lernen, um Echtzeitdaten zu analysieren und komplexe Entscheidungen wie autonomes Navigieren und Hinderniserkennung zu treffen.

Netflix: Netflix verwendet die QU-parametrisierte KI, um Filme und Serien für seine Abonnenten zu empfehlen. Basierend auf der Anzeigehistorie und den Vorlieben der Benutzer personalisiert die Plattform die Empfehlungen und bietet maßgeschneidertes Entertainment.

Google: Google nutzt die QU-parametrisierte KI, um relevantere und personalisierte Suchergebnisse bereitzustellen. Mit fortschrittlichen Algorithmen analysiert das Unternehmen den Kontext des Benutzers, die Suchhistorie und die Vorlieben, um genauere und nützlichere Informationen bereitzustellen.

IBM: IBM nutzt die QU-parametrisierte KI in ihren Datenanalyse- und Entscheidungsfindungslösungen. Über ihre KI-Plattform Watson hilft das Unternehmen Organisationen,wichtige Erkenntnisse aus großen Datensätzen zu gewinnen und fundiertere strategische Entscheidungen zu treffen.

Diese Beispiele verdeutlichen, wie Unternehmen aus verschiedenen Branchen QU und KI einsetzen, um signifikante Verbesserungen in ihren Geschäftsabläufen zu erzielen. Durch das Gleichgewicht der menschlichen Potenziale mittels QU und die Nutzung der Leistungsfähigkeit von KI werden diese Unternehmen agiler, anpassungsfähiger und effizienter, um personalisierte und innovative Kundenerlebnisse zu bieten.

Fazit

Die Parametrisierung des QU in KI bietet Unternehmen eine einzigartige Möglichkeit, ihre Geschäfte in einer VUCA-Welt zu transformieren. Durch das Gleichgewicht der menschlichen Potenziale und die Nutzung der fortschrittlichen Verarbeitungs- und Analysefähigkeiten von KI können Unternehmen signifikante

Verbesserungen in allen Geschäftsbereichen erzielen. Die Implementierung von QU und KI erfordert sorgfältige Planung, Investitionen in Technologie und Schulungen für Mitarbeiter. Die Vorteile sind jedoch beachtlich und bieten einen Wettbewerbsvorteil und nachhaltigen Erfolg.

Im nächsten Kapitel werden wir die Auswirkungen von QU und KI auf das Human Resource Management untersuchen und untersuchen, wie diese Ansätze die Einstellung, Entwicklung und Bindung von Talenten optimieren und eine Unternehmenskultur fördern können, die auf dem Gleichgewicht der Potenziale und der synchronen Intelligenz basiert.

FAZIT

Während wir das revolutionäre Konzept des QU - Universal Synchronic Intelligence Quotient - und seine Anwendung in der Geschäftswelt in einer VUCA-Welt erforscht haben, erkennen wir die Bedeutung und das transformative Potenzial, das es für Unternehmen mit sich bringt. QU geht über traditionelle Metriken wie IQ, EQ und AQ hinaus und konzentriert sich auf wesentliche menschliche Potenziale: 360-Grad-Sicht, Resilienz, Anpassungsfähigkeit, Synchronizität und emotionale Kontrolle.

Indem Unternehmen QU als Metrik und Parameter zur Bewertung und Entwicklung menschlicher Potenziale übernehmen, können sie High-Performance-Teams aufbauen und eine Unternehmenskultur fördern, die das Gleichgewicht dieser Potenziale wertschätzt. Dies ermöglicht es den Teams, den Herausforderungen der VUCA-Welt effektiver zu begegnen, sich besser an Marktveränderungen anzupassen und Wachstumschancen zu nutzen.

Die Anwendung der QU-parametrisierten KI bringt eine neue Dimension in das Teammanagement und die Unternehmensstrategie. KI kann bei der Identifizierung und Vorwegnahme von Herausforderungen helfen, wertvolle Einblicke für Entscheidungsfindung liefern und intelligente und treffende Geschäftsstrategien vorantreiben.

Die Einführung von QU in Unternehmen ist jedoch nicht frei von Herausforderungen. Es erfordert die Überwindung von Widerständen gegen den Wandel, Investitionen in Schulungen und die Förderung einer

Kultur des lebenslangen Lernens. Es ist auch wichtig, die QU-parametrisierte KI in den täglichen Betrieb von Unternehmen zu integrieren und sicherzustellen, dass sie ein effektiver Verbündeter bei der Suche nach dem Gleichgewicht der Potenziale und der Bewältigung der Herausforderungen der VUCA-Welt ist.

Während wir uns auf eine von QU geprägte Zukunft vorbereiten, ist es entscheidend, aufkommende Trends und die Entwicklung dieses Konzepts zu verstehen. Unternehmen sollten die Herausforderungen und Möglichkeiten in diesem Kontext im Auge behalten und sich an Marktveränderungen anpassen, wobei die QU-parametrisierte KI als ein mächtiges Werkzeug zur Förderung ihrer Geschäftsstrategien genutzt wird.

QU ist mehr als ein herkömmlicher Ansatz. Es ist eine holistische Art und Weise, Geschäfte und Menschen zu betrachten, indem menschliche Potenziale als Grundlage für den Erfolg in einer sich ständig verändernden Welt anerkannt und entwickelt werden. Die Vorbereitung auf diese von QU geprägte Zukunft erfordert eine offene Denkweise, Bereitschaft zur Innovation und die ständige Suche nach dem Gleichgewicht der Potenziale.

Dieses Buch lädt Sie ein, diesen revolutionären Ansatz zu erkunden, die Kraft von QU und seine praktische Anwendung in Unternehmen zu verstehen. Durch Beispiele, Erkenntnisse und Strategien möchten wir Führungskräfte und Fachleute dazu befähigen, QU als eine neue Form des Führens und Managens anzunehmen und sie auf die Herausforderungen vorzubereiten und die Chancen in einer VUCA-Welt zu nutzen.

Während wir diese Reise abschließen, hoffen wir, dass Sie inspiriert und motiviert sind, QU als ein mächtiges Werkzeug zur Transformation Ihres Unternehmens zu umarmen und außergewöhnliche Ergebnisse zu erzielen. Dies ist erst der Anfang einer neuen Ära, in der das Gleichgewicht der Potenziale und die synchronische Intelligenz zur Grundlage nachhaltigen Erfolgs werden. Wir gehen in Richtung eines intelligenten Unternehmens, das bereit ist, den Herausforderungen zu begegnen und in einer sich ständig weiterentwickelnden Welt erfolgreich zu sein.

ABSCHLIESSENDE GEDANKEN

Der menschliche Erfolg wird durch das Gleichgewicht des QU (Universal Synchronic Intelligence Quotient) angetrieben, ein Konzept, das durch wissenschaftliche Forschung und Fallstudien gestützt wird. Zahlreiche Studien haben die Aspekte des QU und seine Auswirkungen auf verschiedene Lebensbereiche untersucht.

Eine von Forschern der Stanford University durchgeführte Studie hat die Bedeutung der Entwicklung von Resilienz und emotionaler Kontrolle bei der Erzielung positiver Ergebnisse in Karriere und Beziehungen aufgezeigt. Diese Forschung hat gezeigt, wie die Fähigkeit, mit Widrigkeiten umzugehen und Emotionen zu kontrollieren, zu fundierten Entscheidungen und zum

Aufbau gesunder und produktiver Beziehungen beiträgt.

Clayton Christensen, renommierter Professor für Betriebswirtschaft an der Harvard University, betont, dass disruptive Innovation eine Änderung der Herangehensweise und das Überwinden überholter Paradigmen erfordert. Er betont, dass der Erfolg darin besteht, Veränderungen anzunehmen und sich schnell an neue Umstände anzupassen.

Daniel Kahneman, Psychologe und Nobelpreisträger für Wirtschaftswissenschaften, erinnert uns daran, dass unsere Entscheidungen von unserer Sichtweise auf Probleme beeinflusst werden. Wenn wir eine positive Perspektive annehmen und Herausforderungen als Lernchancen betrachten, können wir fundierte Entscheidungen treffen und überlegene Ergebnisse erzielen. Die Theorie der emotionalen Intelligenz, entwickelt von Daniel Goleman, stimmt ebenfalls mit dem Konzept des QU überein und betont die Bedeutung des emotionalen Gleichgewichts für den persönlichen und beruflichen Erfolg.

Howard Gardner, renommierter Psychologe und Professor an der Harvard Graduate School of Education, betont die Bedeutung des Ausgleichs und der Entwicklung all unserer Intelligenzen. Er ermutigt uns, unsere Bildungsansätze neu zu gestalten, indem wir nicht nur die logisch-mathematische Intelligenz, sondern auch die emotionale, musikalische, räumliche und andere Intelligenz schätzen und so unser volles Potenzial ausschöpfen.

Diese großen Namen sowie andere Verfechter des innovativen Denkens unterstreichen die Bedeutung einer neuen Perspektive auf Probleme. Indem wir unsere Potenziale durch 360-Grad-Sicht, Resilienz, Anpassungsfähigkeit, Synchronizität und emotionale Kontrolle ausgleichen, sind wir bereit, Herausforderungen mit Zuversicht, Kreativität und Effektivität anzugehen. Diese Herangehensweise steht auch in Zusammenhang mit anderen relevanten Theorien und Konzepten, wie zum Beispiel Carol Dwecks Wachstumstheorie, die die Bedeutung einer Wachstumsmentalität für den Erfolg hervorhebt.

In diesem Buch haben wir umfassend die Prinzipien des QU und ihre Beziehung zu verschiedenen Lebensbereichen untersucht. Wir haben wissenschaftliche Forschungsergebnisse, inspirierende Fallstudien und relevante Theorien analysiert, um einen breiten und fundierten Einblick in das Gleichgewicht des QU und seine

Auswirkungen auf persönlichen und beruflichen Erfolg zu geben.

Im Verlauf der Kapitel haben wir das Konzept des QU zusammen mit künstlicher Intelligenz (KI) und wie diese starke Partnerschaft den Erfolg in allen Lebensbereichen vorantreiben kann, erforscht.

Im ersten Kapitel haben wir das Konzept des QU im Detail und seine grundlegende Rolle im Gleichgewicht und der menschlichen Entwicklung untersucht. Wir haben gesehen, wie das QU auf wissenschaftlicher Forschung und Fallstudien basiert, die seine Relevanz für den Streben nach Erfolg belegen. Das QU ermöglicht es uns, unsere Potenziale und das Gleichgewicht zu verstehen, einschließlich 360-Grad-Sicht, Anpassungsfähigkeit, Resilienz,

Synchronizität und emotionale Kontrolle.

Anschließend tauchten wir in die faszinierende Welt der künstlichen Intelligenz ein und lernten ihre Grundlagen und Anwendungen kennen. Wir erforschten, wie KI in der Lage ist, große Datenmengen zu verarbeiten, Muster zu identifizieren und komplexe Analysen durchzuführen, die wertvolle Erkenntnisse in verschiedenen Lebensbereichen liefern.

Schließlich verbanden wir diese beiden leistungsstarken Konzepte: QU und KI. Wir untersuchten, wie die Zusammenarbeit zwischen QU und KI den beruflichen Erfolg stärken, zwischenmenschliche Beziehungen verbessern, Bildung transformieren, den Alltag vereinfachen und zu einem ausgewogeneren Wohlbefinden beitragen kann. Wir sahen praktische

Beispiele dafür, wie KI unsere QU-Potenziale erweitern kann, indem sie innovative Lösungen bietet und unsere Fähigkeit verbessert, Herausforderungen anzunehmen.

Im Laufe dieses Buches haben Sie entdeckt, wie Sie Ihre QU-Potenziale ausgleichen und verbessern können, indem Sie die Unterstützung von KI nutzen, um Chancen zu maximieren und außergewöhnliche Ergebnisse in allen Lebensbereichen zu erzielen. Diese spannende Reise, um das volle Potenzial der Partnerschaft zwischen QU und KI zu entdecken, ermöglicht es Ihnen, die Geheimnisse dieser transformierenden Zusammenarbeit zu enthüllen und Ihren Erfolg in allen Bereichen voranzutreiben.

Um unser Verständnis abzurunden, haben wir die Bedeutung des Gleichgewichts des QU als Maßstab und Parameter zur Bewertung und

Entwicklung menschlicher Potenziale erneut betrachtet. Basierend auf wissenschaftlicher Forschung und Fallstudien haben wir gesehen, dass QU über traditionelle Metriken hinausgeht und die wesentlichen Potenziale von 360-Grad-Sicht, Resilienz, Anpassungsfähigkeit, Synchronizität und emotionaler Kontrolle integriert.

Wir haben die Anwendung von QU in Führungspositionen und beim Aufbau leistungsstarker Teams diskutiert. Wir haben Strategien zur Entwicklung von Synergien innerhalb des Teams besprochen und wie QU-parametrisierte KI die Teamführung verbessern kann, um die kollektive Leistung zu steigern.

Wir haben auch die Bedeutung der Anpassung an Marktentwicklungen und wie QU dabeidem Prozess eine starke Unterstützung sein kann. Wir haben die Identifizierung und Vorwegnahme von

Herausforderungen in einer VUCA-Umgebung diskutiert und wie QU-parametrisierte KI intelligente und fundierte Geschäftsstrategien fördern kann.

Schließlich haben wir uns mit aufkommenden Trends und der Weiterentwicklung von QU sowie den Herausforderungen und Chancen bei der Einführung dieses Ansatzes in Unternehmen beschäftigt. Wir haben uns darauf vorbereitet, uns auf eine von QU geprägte Zukunft einzustellen und die Bedeutung der Anpassung an Veränderungen und der Vorbereitung auf die Herausforderungen in diesem Kontext erkannt.

Wenn wir diese Reise abschließen, laden wir Sie ein, sich von QU inspirieren zu lassen und es in Ihrem Unternehmen und Ihrem persönlichen Leben umzusetzen. Wir befähigen

Führungskräfte und Fachleute, außergewöhnliche Ergebnisse zu erzielen, indem sie ein herkömmliches Unternehmen in ein intelligentes Unternehmen verwandeln.

Wir stehen vor einer neuen Ära, in der das Gleichgewicht der Potenziale und die synchronische Intelligenz entscheidend für den Erfolg eines Unternehmens sind. Wir hoffen, dass dieses Buch wertvolle Einblicke, praktische Beispiele und anwendbare Strategien geliefert hat, um Ihren Erfolg voranzutreiben und Sie auf die Herausforderungen der VUCA-Welt vorzubereiten.

Jetzt ist es an der Zeit, die transformative Kraft von QU zu umarmen und sich auf eine Reise des persönlichen und beruflichen Wachstums zu begeben. Dies ist nur der Anfang einer neuen Ära, in der das

Gleichgewicht der Potenziale und die synchronische Intelligenz die Grundlage für nachhaltigen Erfolg bilden.

Wir wünschen Ihnen weiterhin Erfolg bei Ihrem Streben nach dem Gleichgewicht des QU und dass Sie außergewöhnliche Ergebnisse in allen Lebensbereichen erzielen. Gemeinsam können wir eine Zukunft aufbauen, die von QU angetrieben wird, in der menschliches Potenzial und KI in Harmonie verschmelzen, um beispiellosen Erfolg zu erreichen. Lassen Sie uns auf diese transformative Reise gehen und neue Höhen der Exzellenz erreichen.

Referenzen und Einflüsse

Mein Buch ist das Ergebnis umfangreicher Forschung und Erkundung relevanter Konzepte für die Geschäftsrevolution und das Gleichgewicht menschlicher Potenziale. Während dieser Reise hatte ich die Gelegenheit, mich von namhaften deutschen Autoren inspirieren zu lassen, deren Ideen und Beiträge wertvolle Erkenntnisse für die Entwicklung dieser Arbeit geliefert haben. Diese Autoren sind wichtige und ergänzende Referenzen für mein Buch und behandeln Themen, die sich mit dem Gleichgewicht menschlicher Potenziale, emotionaler Intelligenz, Innovation und anderen entscheidenden Aspekten des Erfolgs in der Geschäftswelt befassen.

Einer der deutschen Autoren, der besondere Erwähnung verdient, ist Eckart Wintzen, ein Unternehmer, der für sein Engagement im Bereich nachhaltiger Geschäfte und seinen ganzheitlichen Ansatz im Unternehmensmanagement bekannt ist. Seine Ideen zur Nachhaltigkeit, sozialen und Umweltverantwortung haben mein Verständnis für die Bedeutung des Gleichgewichts menschlicher Potenziale für nachhaltigen Erfolg bereichert.

Ein weiterer deutscher Autor, der meine Arbeit beeinflusst hat, ist Gerd Gigerenzer, ein Psychologe, der sich mit Entscheidungsfindung und der Rolle des intuitiven Denkens befasst. Seine Forschung und Erkenntnisse darüber, wie man seinem Bauchgefühl vertraut und informierte Entscheidungen trifft, waren entscheidend für das Verständnis der Bedeutung des Gleichgewichts des

Synchronen Universellen Intelligenzquotienten (QU) im Kontext der Geschäftsrevolution.

Darüber hinaus haben die Werke von Oskar Lafontaine, einem renommierten deutschen Politiker und Wirtschaftswissenschaftler, wertvolle Reflexionen über soziale Gerechtigkeit und nachhaltige Wirtschaft geliefert. Seine Schriften haben meine Überlegungen zur Bedeutung des Gleichgewichts menschlicher Potenziale für die Schaffung einer gerechteren und ausgewogeneren Geschäftsumgebung angeregt.

Peter Senge, ein deutsch-amerikanischer Philosoph und Autor, hat meine Arbeit ebenfalls durch seine Beiträge zum organisationalen Lernen, zur Führung und zum systemischen Denken beeinflusst. Seine Ideen zur Bedeutung der

Betrachtung von Organisationen als komplexe Systeme und zur Förderung eines ganzheitlichen Ansatzes im Management waren entscheidend für das Verständnis des Gleichgewichts des QU im Kontext der Unternehmensführung.

Ein weiterer deutscher Autor, der besondere Erwähnung verdient, ist Fritz Zwicky, ein Astronom und Physiker, dessen Arbeit über komplexe Systeme und seinen morphologischen Ansatz eine einzigartige Perspektive auf die Bedeutung des Gleichgewichts menschlicher Potenziale und die Berücksichtigung der Interkonnektivität von Elementen für den Geschäftserfolg bietet.

Rüdiger Dahlke, ein deutscher Arzt und Autor, hat zu meiner Arbeit beigetragen, indem er Fragen im Zusammenhang mit ganzheitlicher

Gesundheit, emotionaler Ausgeglichenheit und Wohlbefinden anspricht. Seine Überlegungen zur Bedeutung des Gleichgewichts physischer und emotionaler Potenziale für persönlichen und beruflichen Erfolg waren für die Entwicklung des QU-Konzepts unerlässlich.

Anselm Grün, ein Benediktinermönch und deutscher Autor, hat seine spirituelle Weisheit und seine Überlegungen zur Führung und zum Gleichgewicht zwischen persönlichem und beruflichem Leben eingebracht. Seine Ideen zur Bedeutung der Kultivierung der Spiritualität und der Verbindung mit dem Lebenszweck haben mein Verständnis des Gleichgewichts des QU im Kontext der Suche nach Geschäftserfolg bereichert.

Schließlich hat Gunter Dueck, ein deutscher Mathematiker, Autor und Redner, mit seinem Wissen über Innovation, Führung und organisatorischen Wandel beigetragen. Seine Ideen zur Notwendigkeit der Anpassungsfähigkeit in einer sich ständig verändernden Welt waren entscheidend für das Verständnis der Rolle des QU bei der Suche nach intelligenteren und zielgerichteteren Geschäftsstrategien.

Diese deutschen Autoren zusammen mit anderen renommierten Forschern und Theoretikern waren entscheidend für den Aufbau dieses Buches. Ihre Ideen und Beiträge ergänzen meinen Ansatz und bieten eine solide Grundlage für die Erkundung der Konzepte von QU und der Geschäftsrevolution. Indem ich ihre Perspektiven und Erkenntnisse in meine Arbeit integrierte, habe ich versucht, den Lesern einen umfassenden, fundierten und inspirierenden Einblick in die Bedeutung des Gleichgewichts menschlicher Potenziale und das transformative Potenzial der Geschäftsrevolution zu geben. Ich hoffe, dass die Leser durch die Erkundung dieser Referenzen und Einflüsse inspirierende und bedeutungsvolle Erkenntnisse finden, die sie auf ihrem eigenen Weg zum Geschäftserfolg anwenden können.

Biografie der Autorin

Katia Doria da Fonseca Vasconcelos ist eine Schriftstellerin und Forscherin mit Ausbildung als Systems Analyst und umfangreicher Erfahrung als Projektleiterin in multinationalen Unternehmen und Großunternehmen. Ihr beruflicher Werdegang ermöglichte es ihr, die Bedeutung des Gleichgewichts zwischen technologischer Entwicklung und menschlichem Aspekt für den Erfolg von Projekten zu verstehen.

Mit einem tiefen Interesse daran, das menschliche Verhalten im organisatorischen Kontext zu verstehen und damit umzugehen, konzentrierte Katia ihre Studien auf den Bereich Personalwesen und die Entwicklung von Methoden, die Synergien zwischen den technologischen Anforderungen und den Erwartungen der Benutzer fördern. Ihre Erfahrung als Projektleiterin ermöglichte ihr ein tiefgehendes Verständnis dafür, wie Emotionen, Gedanken und menschliches Verhalten die Effektivität implementierter Systeme direkt beeinflussen.

Als Schriftstellerin und Forscherin teilt Katia ihr Wissen und ihre Erfahrungen, um Führungskräfte und Fachleute dazu zu inspirieren, nicht nur die technischen Aspekte, sondern auch den menschlichen Faktor bei der Umsetzung von Projekten und der Entwicklung effektiver Lösungen zu berücksichtigen. Ihr integrativer Ansatz zielt darauf ab, technologische Exzellenz mit der Fürsorge für Menschen in Einklang zu bringen und sicherzustellen, dass Systeme den Anforderungen und Erwartungen der Benutzer vollständig gerecht werden.

In diesem Buch präsentiert Katia Doria da Fonseca Vasconcelos ihre einzigartige und praxisorientierte Sichtweise auf das Konzept des QU (Quociente de Inteligência Universal Sincrônico) und seine Anwendung im Geschäftsumfeld. Ihr QU-basierter Ansatz basiert auf ihrer Erfahrung als Systems Analyst und Projektleiterin und kombiniert technisches Wissen mit dem Verständnis der Bedürfnisse und Erwartungen der Benutzer.

Katia glaubt daran, dass der Erfolg eines Projekts oder eines Unternehmens eng mit der Fähigkeit verbunden ist, technologische Entwicklung und Fürsorge für Menschen in Einklang zu bringen. Ihr Ziel ist es, Führungskräfte und Fachleute dazu zu befähigen, einen ganzheitlichen Ansatz zu verfolgen, der sowohl die technischen als auch die emotionalen Dimensionen berücksichtigt, um außergewöhnliche Ergebnisse zu erzielen und die Bedürfnisse der Benutzer vollständig zu erfüllen.

Indem sie ihr Wissen und ihre Erkenntnisse in diesem Buch teilt, lädt Katia Doria da Fonseca Vasconcelos die Leser dazu ein, das transformative Potenzial des QU zu erkunden und es in ihre Führungspraktiken und Projektentwicklungen zu integrieren. Ihre Erfahrung und Expertise tragen zu einer erweiterten und aktualisierten Sichtweise auf die Bedeutung des Gleichgewichts zwischen Technologie und menschlichem Aspekt im Geschäftsumfeld bei.

Mit einem praxisorientierten und inspirierenden Ansatz bietet Katia den Lesern die notwendigen Werkzeuge, um den Herausforderungen der Geschäftswelt zu begegnen und die Bedeutung des Gleichgewichts zwischen technischer Exzellenz und Fürsorge für Menschen zu berücksichtigen. Ihre umfassende und integrative Vision ermöglicht es Führungskräften und Fachleuten, einen Weg zu nachhaltigem Erfolg zu gestalten, indem sie technologische Anforderungen mit den Erwartungen der Benutzer in Einklang bringen und eine gesunde und produktive Organisationskultur fördern.